Impressum
Verlag: BABADADA GmbH, Nedderfeld 112 , 22529 Hamburg
Geschäftsführer / Verlagsleitung: Harald Hof
Druck: Books on Demand GmbH, In de Tarpen 42, 22848 Norderstedt

Imprint
Publisher: BABADADA GmbH, Nedderfeld 112 , 22529 Hamburg, Germany
Managing Director / Publishing direction: Harald Hof
Print: Books on Demand GmbH, In de Tarpen 42, 22848 Norderstedt, Germany

ښوونځی
المدرسة

تولګی
القسم
تقسیم
یقسم
186/2
بورډ
اللوح
د ښوونځي حویلی
باحة المدرسة
ښوونکی
المعلّم
ورق
ورقة
لیکل
یکتب
قلم
القلم
طاولة المکتب
خط کش
المسطرة
کتاب
الکتاب
زده کونکی
التلمیذ

پنسل

قلم الرصاص

د پنسل بکسه

المقلمة

کڅوړه

الحقيبة المدرسية

د رسامۍ پاڼه

دفتر الرسم

ربړ

المِمحاة

پنسل تراش

البرّاية

2 المدرسة - ښوونځی

رسامي
....
الرسمة

د نقاشى برس
....
الفرشاة

د نقاشى بكس
....
علبة التلوين

قيچي
....
المقص

سريش
....
المادة اللاصقة

د تمرين كتاب
....
دفتر التمارين

كورنى دنده
....
الواجب المدرسي

12

شمير
....
الرقم

2+2

جمع
....
يجمع

5-2

منفي
....
يطرح

2×2

ضرب
....
يضرب

حساب
....
يحسب

A

تورى
....
الحرف

ABCDEFG
HIJKLMN
OPQRSTU
VWXYZ

الفبا
....
الأبجدية

hello

كلمه
....
كلمة

تباشیر

الطبشور

لوستل

يقرأ

متن

النص

ازموینه

الامتحان

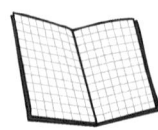

راجستر

دفتر الدوام المدرسي

درس

الحصة

تعلیم

التعليم

د ښوونځي یونیفارم

اللباس المدرسي

تصدیق پاڼه

شهادة

مایکروسکوپ

المِجهر

پوهنتون

الجامعة

دایره المعارف

الموسوعة

اشغالدانی

قماما

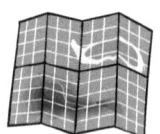

نقشه

الخريطة

سفر
سفر

Grand
فندق
ROOMS
لیلیه
بیت الشباب
CHANGE
د اسعارو د تبادلي دفتر
مكتب صرافة
بکس
حقيبة
سيارة

سمه ده
....
حسناً

هو/نه
....
نعم / لا

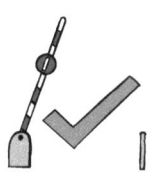

ژبه
....
اللغة

مننه
....
شكراً

ژباړونکی
....
مترجم

سلام
....
مرحباً

ستونزه

....

مشكلة

زه نه پوهیږم

....

لا أفهم

څومره دي...؟

....

كم ثمن ... ؟

شپه په خیر!

....

ليلة سعيدة

سهار په خیر!

....

صباح الخير!

ماښام مو پخیر!

....

مساء الخير

سامان

....

أمتعة السفر

لارښود

....

اتجاه

په مخه مو ښه

....

إلى اللقاء

میلمه

....

ضيف

شاتنی بکس

....

حقيبة ظهر

بیک

....

حقيبة

خیمه

....

خيمة

د خوب کڅوړه

....

كيس للنوم

خونه

....

غرفة

د توریزم معلومات
....
استعلامات سياحية

ساحل
....
شاطئ

کریډیټ کارټ
....
بطاقة ائتمان

نارى
....
إفطار

د غرمي خواړه
....
طعام الغداء

د شپې خواړه
....
العشاء

ټیکټ
....
بطاقة سفر

لفټ
....
مصعد

مهر
....
طابع بريدي

پوله
....
حدود

ګمرک
....
الجمارك

سفارت
....
سفارة

ویزه
....
تأشيرة

پاسپورټ
....
جواز سفر

ټرانسپورټ

نقل

الوتکه
طائرة
سفينة
د اور ماشين
سيارة إطفاء
بس
حافلة
ټرک
سيارة شاحنة
موټرکښتۍ
زورق آلي
بايک
درّاجة
موټر
سيارة

کښتۍ
....
عبارة

کښتۍ
....
قارب

موټرسايکل
....
دراجة نارية

د پوليسو موټر
....
سيارة شرطة

د ريس موټر
....
سيارة سباق

کرايي موټر
....
سيارة مستأجرة

ریفیوز ټرک

....

سيارة نقل القمامة

جرثقیل لرونکی ټرک

....

سيارة للجر

د کرایه موټری

....

أسلوب تشاركي في استئجار السيارات

پټرول سټیشن

....

محطة وقود

سونګ توکي

....

وقود

موټر

....

محرك

جام ترافیک

....

ازدحام سير

ترافیک

....

حركة السير

ترافیکي نښه

....

إشارة مرور

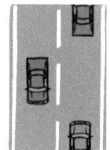

پاټکي

....

سكك حديدية

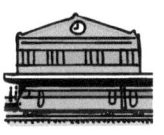

د ریل سټیشن

....

محطة قطار

د موټرو تمځای

....

موقف سيارات

واګون

....

عربة قطار

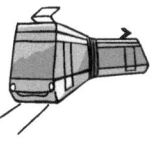

ټرام

....

ترام

ریل

....

قطار

چورلکه
....
طائرة مروحية

هوايي ډگر
....
مطار

برج
....
برج

مسافر
....
مسافر

کانتینر
....
حاوية

کارتون
....
علبة كرتون

کارت
....
عربة يد

ټوکرۍ
....
سلّة

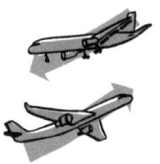

الوتنه کول/کښېناستل
....
يقلع / يهبط

ښار

مدينة

کلی
....
قرية

د ښار مرکز
....
مركز المدينة

کور
....
بيت

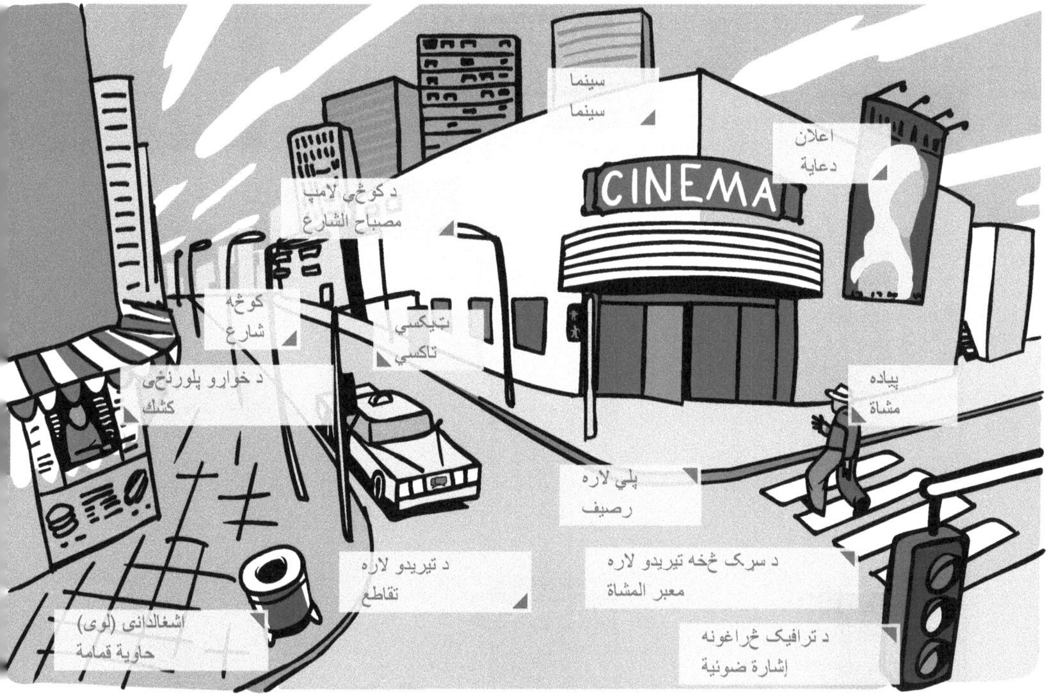

CINEMA
سينما
سينما
اعلان
دعاية
د كوڅې لامپ
مصباح الشارع
كوڅه
شارع
ټيکسي
تاكسي
د خوارو پلورنځی
كشك
پياده
مشاة
پلي لاره
رصيف
د تيريدو لاره
تقاطع
د سرک څخه تيريدو لاره
معبر المشاة
اشغالدانی (لوی)
حاوية قمامة
د ترافيک څراغونه
إشارة ضوئية

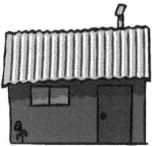

د ريل سټيشن

محطة قطار

اپارتمان

شقة

كوډله

كوخ

ښوونځی

المدرسة

ميوزيم

متحف

MUSEUM

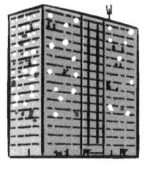

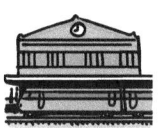

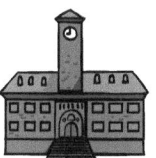

ټاون هال

دار البلدية

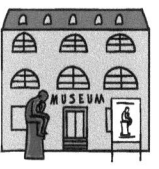

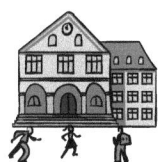

روغتون

المستشفى

بانک

مصرف

پوهنتون

الجامعة

دفتر

مكتب

درملتون

صيدلية

هوټل

فندق

د ګلانو پلورنځی

محل لبيع الزهور

پلورنځی

متجر

کتاب پلورنځی

مكتبة

د دیپارټمنټ سټور

متجر كبير

مارکیټ

سوق

لوی پلورنځی

سوبرماركت

لنګرتون

ميناء

د پلور مرکز

مركز تسوّق

کب پلورنځی

تاجر السمك

پل

....

جسر

بينچ

....

مقعد

پارک

....

حديقة عامة

تونل

....

نفق

د ځمکي لاندي

....

مترو

زينه

....

درج، سلم

ريستورانټ

....

مطعم

بار

....

بار

بس تمځاى

....

موقف حافلات

د پارک کولو ميټر

....

مقياس زمن الوقوف

د کوڅې نښه

....

لافتة باسم الشارع

پوست بکس

....

صندوق البريد

مسجد

....

مسجد

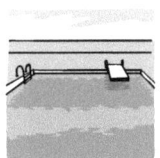

د لامبو حوض

....

مسبح

ژوبڼ

....

حديقة حيوانات

هدیره
....
مقبرة

ناپاکي
....
تلوث البيئة

کرونده
....
مزرعة

معبد/کلیسا
....
معبد

د لوبو ډګر
....
ملعب الأطفال

چرچ
....
كنيسة

منظره

طبيعة ريفية

ورقة
د لارښوونې نښه
علامة إرشاد
لاره
طريق
چمن
مرج
کاڼی
حجر
ونه
شجرة
هیکر
رحالة
سیند
نهر
واښه
عشب
ګل
زهرة

ناور
....
بحيرة

غونډۍ
....
جبل

دره
....
وادٍ

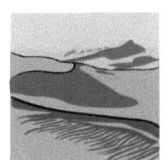

اورشيندی
....
بركان

دښته
....
صحراء

ځنګل
....
غابة

مرخيړي
....
فِطر

رنګين کمان
....
قوس قزح

کلا
....
قلعة

الوتل
....
ذبّانة

ماشي
....
بعوض

پلم ونه
....
نخلة

غونډل/جولا
....
عنكبوت

مچۍ
....
نحلة

میږی
....
نملة

نولی
....
سنجاب

چونگـبڕه
....
ضفدعة

کـونکـت
....
خنفساء

کـونک
....
بومة

سوی
....
أرنب

زیڕکی
....
قنفذ

نرخوک
....
خنزير برّي

قازه
....
بجعة

مرغی
....
عصفور

بند
....
سد

کـاوزه
....
إلكة

هوسی
....
غزال

اقليم
....
مناخ

سولر تختي
....
خلية شمسية

بادي توربين
....
دولاب الطاحونة الهوائية

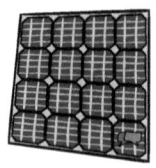

ریسټورانټ

مطعم

پیشخدمت
نادل
مینو
لائحة الطعام
کرسي
سوپ
حساء
بيتزا
بڼاخۍ، چاقو، کاشوغه
أدوات المائدة
غطاء المائدة

سټارټر

مقبلات

اصلي خواړه

الصحن الرئيسي

شیریني

حلوى أو فاكهة بعد الطعام

څښاک

مشروبات

خواړه

طعام

بوتل

زجاجة

چای جوش
....
إبريق الشاي

د کوڅې خواړه
....
طعام الشارع

فاسټ فوډ
....
وجبات سريعة

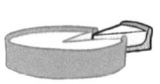

اسپرسو مشين
....
آلة الإسبريسو

برخه
....
حصّة

قندانی
....
علبة السكر

مجمه
....
صينية

رسيد
....
فاتورة

لوړه چوکۍ
....
كرسي عالٍ

قاشق
....
ملعقة

پنجه
....
شوكة

چاکو
....
سكين

ګلاس
....
كأس

سورويت
....
منديل المائدة

چای قاشق
....
ملعقة الشاي

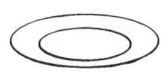

نالبکی
....
صحن الفنجان

د سوپ پلیټ
....
صحن الحساء

پلیټ
....
صحن

د مرچ ټکولو لوخی
....
مطحنة الفلفل

مالګه شیندونکی
....
مملحة

ساس
....
صلصة

مساله
....
توابل

غوړي
....
زيت الطعام

سرکه
....
خلّ

چکه
....
مايونيز

شرشم
....
خردل

کچ اپ
....
كتشاب

لوی پلورنځی

سوبرمارکت

ځانګړی وړاندیز
عرض خاص
پیرودونکی
زبون
لبنیات
مشتقات الحليب
میوه
فواكه
عربة تسوّق

وزن کول

یزن

نانوایی

مخبز

قصابي

جزّار

کنګل خواړه

المأكولات المجمّدة

غوښه

لحم

سبزيجات

خضار

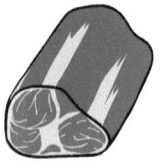

د مينځلو پوډر
....
مسحوق الغسيل

کنسروا خواره
....
معلبات

يخه غوښه
....
مرتدلا أو جبن

د پاکولو محصولات
....
منظفات

کورني توليدات
....
المواد المنزلية

شيريني
....
حلويات

صراف
....
أمين صندوق

د نغدي راجستر
....
صندوق الحساب

د پلور فرد
....
بائعة

بټوه
....
محفظة النقود

کاري ساعتونه
....
أوقات العمل

د پيرود ليست
....
قائمة المشتريات

پلاستيک کڅوړه
....
كيس بلاستيكي

کڅوړه
....
حقيبة

کريډيټ کارت
....
بطاقة ائتمان

مشروبات

شیده

حليب

جوس

عصير

اوبه

ماء

بیر

بيرة

واین

نبيذ

کوک

كولا

چای

شاي

ککاو

كاكاو

الکول

كحول

کپچینو

كابوتشينو

اسپرسو

قهوة إسبريسو

کافي

قهوة

خواړه

طعام

نارنج

برتقال

مڼه

تفاح

کیله

موزة

گازره

جزرة

لیمو

ليمون

هندوانه

بطيخ

پیاز

بصل

بانکس

خيزران

هوږه

ثوم

آش

شعيرية

چغزی

لوزيات

مرخیړي

فِطر

سلاد

....

سلطة

وریجي

....

أرزّ

سپیګټي

....

سباغيتي

پیزا

....

بيتزا

سره کړي کچالو

....

بطاطا مقلية

چپس

....

بطاطا مقلية

کټره

....

شريحة لحم مقلية

ساندويچ

....

ساندويش

همبرګر

....

هامبورغر

ساسچ

....

سجق

سلمي

....

سلامي

د پتون غوښه

....

لحم خنزير

کب

....

سمك

روسټ

....

لحم محمر

چرګ

....

دجاج

د جوار پلی

كورن فلكس

موسلي

موسلي

د وربشي شيرني

دقيق الشوفان

د ډوډۍ رول

خبز صغير

كروسانت

كرواسان

اوړه

طحين

بسکیټ

بسكويت

ټوسټ

خبز محمص

ډوډۍ

خبز

کیک

كعكة

چکه

لبن زبادي

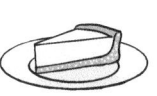

کوچ

زبدة

پنیر

جبنة

پښۍ هګۍ

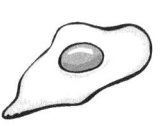

بيض مقلي

هګۍ

بيضة

شهد

عسل

بوره

سگر

آیس کریم

مثلجات

کورکمان

الكاري

نوگات کریم

كريم النوغا

مربا

مربّى الفاكهة

کرونده

مزرعة

د کروندي خونه
بيت الفلاح
غوجل
مخزن غلال
رزمة من التبن
حقل
اس
حصان
مقطورة
جرار
کوچنی اس
مهر
خر
حمار
پسه
خروف
وری
خروف

وزه
....
ماعز

غوا
....
بقرة

خوسکی
....
عجل

خوګ
....
خنزير

د خوګ بچی
....
خنزير صغير

غويی
....
ثور

چرګوړی

صوص

هیلۍ

بطة

بته

إوزّة

سارای موږک

جرذ

بانګي

ديك

چرګه

دجاجة

غویی

ثور

موږک

فأر

پیشک

قطّة

د باغ هوز

خرطوم الحديقة

د سپي خونه

كوخ الكلب

سپی

كلب

یوی

المحراث

لور (داس)

منجل

د اوبو لوخی

إبريق

ښاخی

....

مذراة الزبل

رمبی

....

معزقة

لور

....

منجل

ناوه

....

معلف

کراچی

....

عربة يد

تبر

....

بلطة

کټاره

....

سياج

جوال

....

كيس

د شیدو لوخی

....

صفيحة الحليب

خاوره

....

تربة

شنه خونه

....

دفيئة

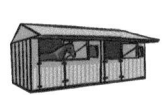

مضبوط

....

اصطبل

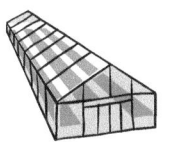

کـډ ریبونکی ماشین

....

حصّادة درّاسة

سره/کود

....

سماد

تخم

....

بذور

خواږه کچالو

بطاطا يامس

درمند

محصول

زيرمه کول

يحصد

کچالو

بطاطا

سويا

صويا

غنم

قمح

د ميوې ونه

شجرة فاكهة

نباتي تخم

سلجم

جوار

ذرة

غله

الحبوب

مانيوک

نبات منيهوت

درشه
مدخنة

بام
سقف

ناودان
مزراب

کرکی
نافذة

د دروازې زنگ
جرس الباب

دروازه
باب

کراج
مرآب

اشغالدانۍ
قماما

د لیک بکس
صندوق البرید

باغ
حدیقة

د اوسیدو خونه
....
غرفة جلوس

حمام
....
الحمّام

پخلنځۍ
....
مطبخ

د ویده کیدو خونه
....
غرفة النوم

د ماشوم خونه
....
غرفة الأطفال

د خوارو خونه
....
غرفة الطعام

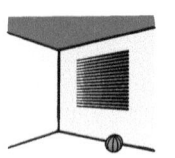

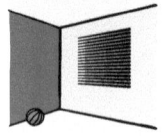

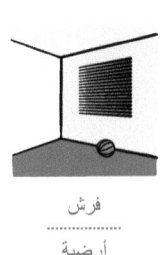

چت

سقف

ديوال

حائط

فرش

أرضية

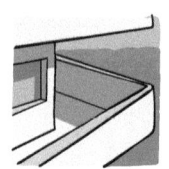

بالكوني

بلكون

سونا

ساونا

زيرخانه

قبو

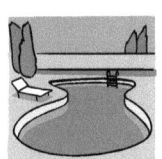

د چمن وهلو ماشين

جزّازة العشب

حوض

مسبح

تراس

شرفة

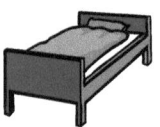

تخت

سرير

روجايى

بطانية

شيټ

بياضات السرير

سويچ

مفتاح كهربائي

بوكه

سطل

جارو

مكنسة

غرفة جلوس

والپيپر
ورق جدران
عکس
صورة
لامپ
مصباح كهربائي
شيلف
رف
الماری
خزانة
تلويزيون
تلفزيون
نغری
موقد مفتوح
زهرة
وسادة
صوفه
كنبة
ګلدانی
مزهرية
ريموټ کنټرول
تحكم عن بعد

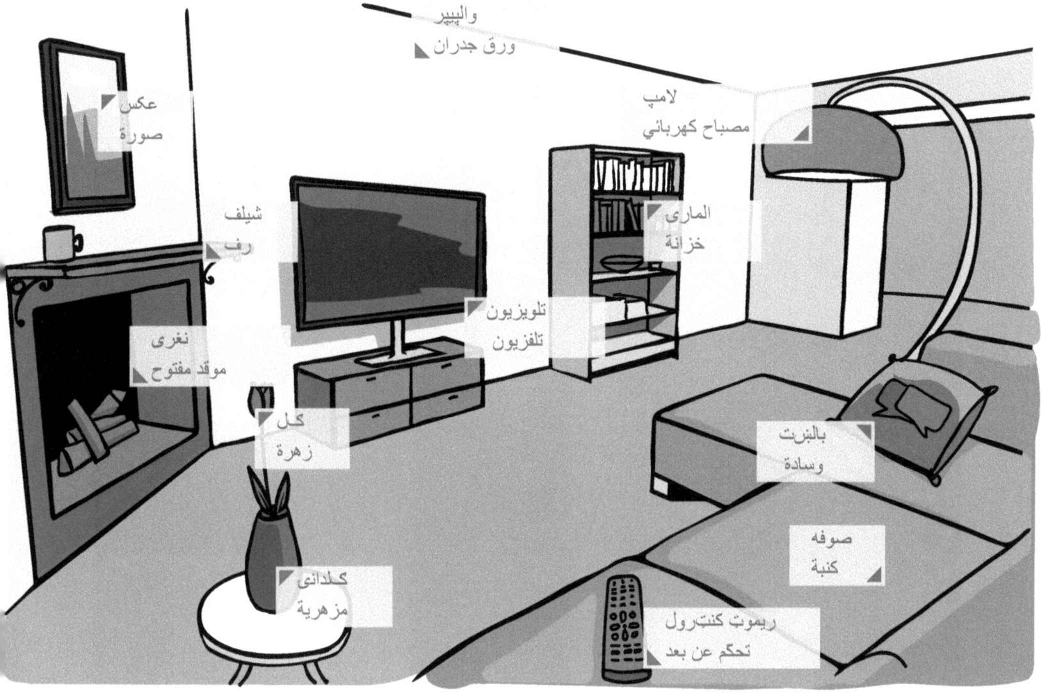

ميز

طاولة

پرده

ستارة

غالی

بصاط

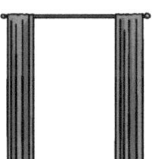

بازو لرونکی چوکی

كرسي ذو ذراعين

تاويدونکي چوکی

كرسي هزّاز

چوکی

كرسي

ديکوريشن
....
زخرفة

کمپل
....
بطانية

کتاب
....
الكتاب

هايفاى
....
تجهيزات ستيريو

فلم
....
فيلم

د اور لرگي
....
الحطب

نقاشي
....
لوحة مرسومة

ورځپاڼه
....
جريدة

کلي
....
مفتاح

کتابچه
....
دفتر ملاحظات

راډيو
....
راديو

پوستر
....
مُلصق

شمع
....
شمعة

کاکتوس
....
صبّار

واکيوم جارو
....
المكنسة الكهربائية

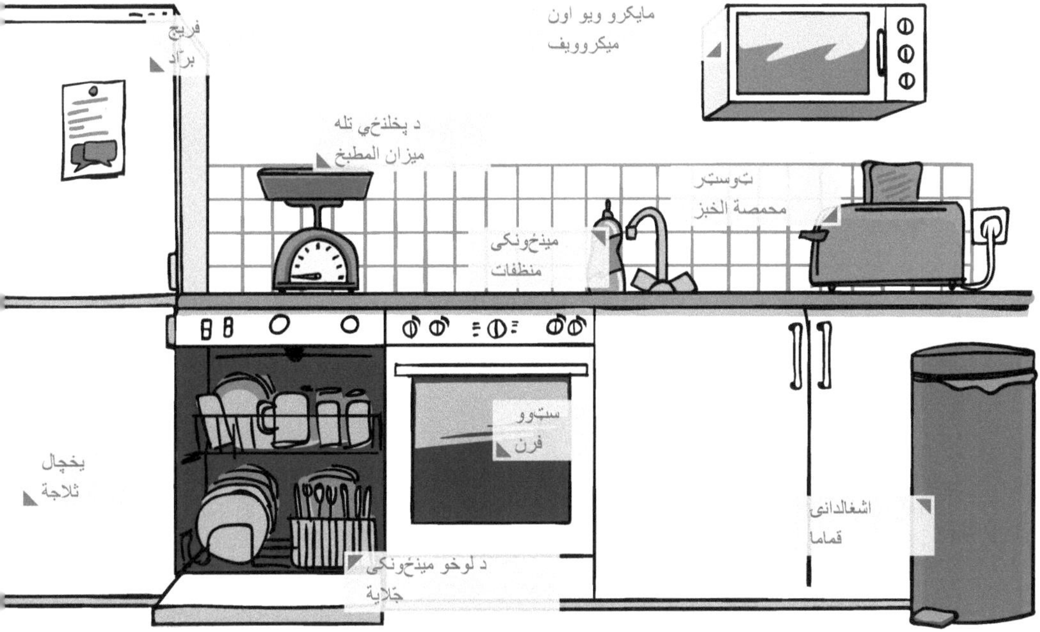

مایکرو ویو اون
ميكروويف

د پخلنځي تله
ميزان المطبخ

تـوستـر
محمصة الخبز

فریج
براد

مینځونکی
منظفات

ستـوو
فرن

یخچال
ثلاجة

اشغالدانی
قماما

د لوخو مینځونکی
جَلاية

دیک بخار
موقد

لوخی
قدر

چدني لوخی
وعاء من الحديد

ووک
قدر صيني

د تلي په
مقلاة

چای جوش
غلاية

لوخي

....

أواني

پتنوس

....

صينية

د بخار دیګ

....

قدر البخار

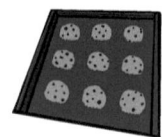

د رانیولو اوزار

....

عيدان الأكل

کاسه

....

صحن

مګ

....

فنجان

پاکونکی

....

خفاقة

کفګیر

....

ملعقة منبسطة

څمڅۍ

....

مغرفة

ګرېټر

....

مِبشرة

غلبيل

....

مصفاة

صافي

....

مصفاة

خلاص اور

....

موقد

بار بي كيو

....

شواء

اونګ

....

هاون

کارک سکریو

....

مفتاح الزجاجات

هوارونکی

....

نشّابة

تخته

....

لوح التقطيع

د لوخي ټوټه

....

قماش الفرن

د ټيم خلاصونکی

....

مفتاح العلب المعدنية

ټيم

....

علبة

سپنج

....

إسفنج

برس

....

فرشاة

ظرف شوی

....

مجلى

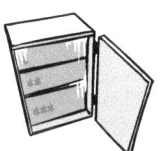

د ماشوم بوتل

....

زجاجة الطفل

ژور يخچال

....

مجمّدة

بليندر

....

خلاط

نل

....

صنبور الماء

توبول
تدفئة

شاور
دوش

جان پاک
منشفة

د شاور پرده
ستارة الدوش

ببل حمام
حمام رغوة

د حمام تب
حوض الحمّام

كلاس
كأس

د مينځلو مشين
غسّالة

تايلونه
بلاط

نل
صنبور الماء

يو دول كمود
قفازات مطاطية

ظرف شوى
مجلى

تشناب
حمام

فرشي كمود
مرحاض القرفصاء

كمود
حوض التشطيف

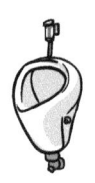

د متيازو خاى
مبولة

تشناب كاغذ
ورق المرحاض

د تشناب برس
فرشاة الحمام

د غاښونو نخ
....
خيط حرير لتنظيف الأسنان

د غاښونو کريم
....
معجون الأسنان

د غاښونو برس
....
فرشاة الأسنان

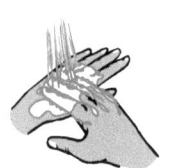

دوش
....
شطاف

لاسي شاور
....
رشاش ماء يدوي

مینځل
....
يغسل

صابون
....
صابون

د شا برس
....
فرشاة الظهر

خانک
....
حوض الغسيل

فلانل جامه
....
ممسحة

شامپو
....
شامبو

د شاور ژل
....
جيل الدوش

سپری
....
مزيل الروائح

کريم
....
مرهم

وچول
....
مصرف للماء

ريزر

موس حلاقة

لاسي آينه

مرآة يد

آينه

مرآة

ګمنځ

مشط

د خريلو وروسته

كولونيا

د خريلو فوم

رغوة الحلاقة

د ويښتانو سپرې

مثبت للشعر

د ويښتانو وچونكى

سشوار

برس

فرشاة

د نوكانو پالش

طلاء أظافر

ليپ سټيک

روج

ميک اپ

ماكياج

عطر

عطر

ناخن ګير

مقص أظافر

كاټن وړى

قطن

د وزن کولو تله

....

ميزان

سټول

....

مقعد صغير

د مينځلو کڅوړه

....

سلة الغسيل

ټامپون

....

سدادة قطنية

د ربړ دستکش

....

قفازات مطاطية

د حمام پوښاک

....

معطف الحمام

کيميکل تشناب

....

تواليت كيميائية

صحيی جان پاک

....

منشفة صحية

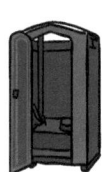

غرفة الأطفال

د الارم ساعت
منبه
د لوبو وسایل
الحيوانات المحنطة
د ناڅکي موټر
سيارة لعبة
ریتل
خشخشة
د ناڅکو خونه
بيت الدمى
ډالۍ
هدية

بالون
بالون

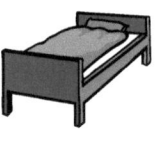

تخت
سرير

کالسکه
عربة الأطفال

د لوبو ورقي
لعبة الورق

جيګسا
أحجية

مسخره
رسوم هزلية

د اکشن فیګور

دمية بطل

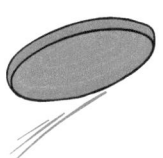

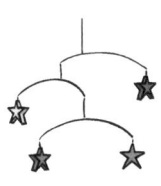

د نانځکو بلاک

حجارة تركيب

لیګو بریک

أحجار الليغو

موبایل

دمية معلّقة

فریزبي

فريسبي

د ماشوم پوښاک

لباس الطفل

ماډل ریل سیټ

لعبة قطار

تاس

لعبة النرد

بورډ لوبه

لعبة الطاولة

د عکسونو البوم

كتاب مصوّر

پارټي

حفلة

ګونګشی

مصّاصة

لوبیدل

يلعب

نانځکه

دمية

بال

كرة

نانځکي

....

لعبة

سوینک

....

أرجوحة

د شګو کنده

....

ملعب رملي للأطفال

ګوډګه

....

دمية على شكل الدب

ټرای سایکل

....

دراجة ثلاثية

د ویډیو لوبو کنسول

....

ألعاب فيديو

د کالو الماری

....

خزانة الثياب

پوښاک

ثياب

ټایټس

....

جورب بنطلون

لوړې جرابې

....

جوارب طويلة

جرابې

....

جوارب قصيرة

زروکی
شال

چتری
شمسية

ټي شرټ
تي شيرت

کمربند
حزام

سنيکر
أحذية رياضية

بوټان
حذاء شتوي

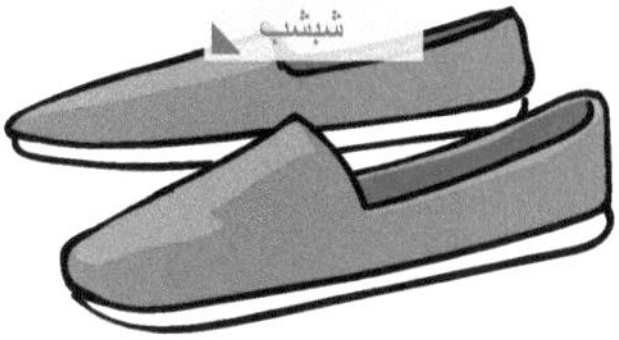

سليپر
شبشب

سينډل

صندل

بوټان

حذاء

د ربړ بوټان

جزمة كاوتشوك

زيرنيکري

سروال داخلي

سينه بند

صدّارة

واسکټ

قميص داخلي

جينز
....
جينز

پتلون
....
بنطلون

بادي
....
لباس ملاصق للجسم

شرټ
....
قميص

بلاوز
....
بلوزة

لمن
....
تنورة

بليزر
....
سترة فضفاضة

سويټر
....
كنزة كم طويل

بنيان
....
سترة قطنية

د باران كوټ
....
معطف مطري

كوټ
....
معطف

جاكټ
....
سترة

د واده پوښاک
....
ثوب الزفاف

كالي
....
ثوب

پوښاک
....
زي - طقم نسائي

پاجامه
....
بيجاما

د شپې پوښاک
....
قميص نوم

دريشي
....
طقم

پټکی
....
عمامة

لوپټه
....
حجاب

ساړي
....
ساري

عبا
....
عباءة

کفتن
....
قفطان

برقه
....
برقع

شارټ
....
شرت

نيکر
....
سروال سباحة

د لامبو پوښاک
....
مايوه

دستکش
....
قفازات

پيش بند
....
مئزر

د ځغاستې پوښاک
....
بدلة رياضية

لاس بند

....

إسوارة

عینک

....

نظّارة

بټن

....

زر

غوږوالۍ

....

قرط

ګوتمه

....

خاتم

غاړه کۍ

....

عقد

خولۍ

....

قبّعة

کوټ بند

....

علاقة ثياب

خولۍ

....

طاقيّة

هیلمېټ

....

خوذة

ځنځير

....

سحّاب

ټايۍ

....

ربطة العنق

یونیفارم

....

زي موحّد

د ښوونځي یونیفارم

....

اللباس المدرسي

ترونکۍ

....

حمّالة البنطلون

نيپي
....
لفافة

كـونكـشى
....
مصّاصة

بيب
....
مريلة الأطفال

دفتر

مكتب

سرور
المخدم
د دوسيه الماری
خزانة الملفات
پرينتـر
طابعة
ورق
ورقة
مانيتـور
شاشة
ماوس
فارة
ديسک
طاولة المكتب
ملف
کي بورډ
لوحة المفاتيح
اشغالدانی
قماما
حاسوب
چوکی
کرسي

انتـرنيټ
....
الإنترنت

کالکوليټـر
....
الآلة الحاسبة

د کافي پياله
....
كأس من القهوة

پیغام
....
خبر

لیک
....
رسالة

لپ ټاپ
....
الحاسوب المحمول

فوټوکاپیر
....
جهاز تصوير

نیټورک
....
شبكة

موبایل
....
الهاتف المحمول

پلک ساکټ
....
مقبس كهربائي

تلیفون
....
هاتف

سافټویر
....
البرمجيات

سند
....
وثيقة

فارم
....
استمارة

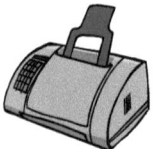

فکس مشین
....
فاكس

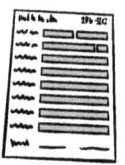

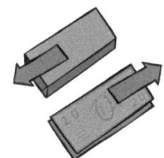

اقتصاد

اقتصاد

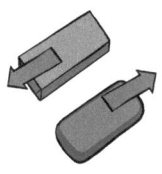

سوداګري کول

يتاجر

تاديه کول

يدفع

پيرل

يشتري

يورو

يورو

ډالر

دولار

پيسې

مال

سويسي فرانک

فرنك سويسري

ربل

روبل

ين

ين

د نغدي پيسو ځای

صرّاف آلي

روپۍ

روبية

رينمينبي يوان

يوان

د اسعارو د تبادلي دفتر
....
مكتب صرافة

سره زر
....
ذهب

سپین زر
....
فضة

تیل
....
نفط

انرژي
....
طاقة

نرخ
....
سعر

قرارداد
....
عقد

مالیه
....
ضريبة

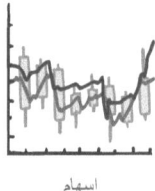

اسهام
....
سهم

کار کول
....
يعمل

کارمند
....
موظف

کار گومارونکی
....
رب العمل

فابریکه
....
مصنع

پلورنځی
....
متجر

مسلکونه

المِهَن

د پولیسو افسر
الشرطي
د اطفایه غړی
رجل إطفاء
آشپز
طبّاخ
الطبيب
طيّار

باغوان

بستاني

نجار

نجّار

خیاط

خيّاطة

قاضي

قاض

کیمیا پوه

كيميائي

د فلم لوبغاړی

ممثّل

کب نیونکی	د ټیکسي ډرایور	د بس ډرایور
صياد سمك	سائق تاكسي	سائق حافلة

پیشخدمت	بام جوړونکی	خدمه
نادل	بنّاء سقف	أجيرة للتنظيف

نانوا	نقاش	ښکاري
خبّاز	رسّام	صيّاد

انجنیر	تعمیر جوړونکی	د برښنا کارکونکی
مهندس	عامل بناء	كهربائي

پوست رسونکی	نلدوان	قصاب
ساعي البريد	سمكري	لحّام

سرتیری

جندي

مهندس

مهندس معماري

صراف

أمين صندوق

مالیار

بائع الزهور

نایی

حلاق

کلیندر

مراقب القطار

میکانیک

ميكانيكي

کپتان

قبطان

د غاښونو ډاکتر

طبيب أسنان

ساینس پوه

رجل العلم

ښاغلی

حاخام

امام

إمام

مذهبي نفر

راهب

پادري

كاهن

لوازم
عدة عمل

مطرقة
پلاس
کمّاشة
پیچکش
مفك البراغي
رینچ
مفتاح ربط
مصباح يد

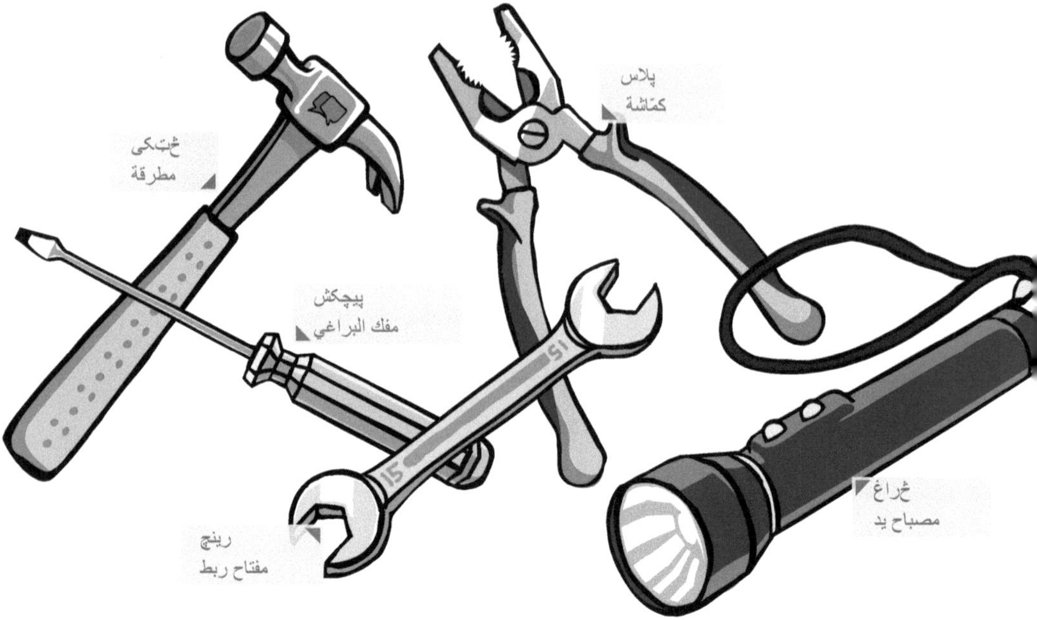

زینه
سلّم

د لوازمو بکس
صندوق العدة

کنستونکی
جرافة

برمه
مثقب

میخونه
مسامير

اره
منشار

لعنت!
....
اللعنة

بیل
....
مجرفة

ترمیم کول
....
يصلح

پیچونه
....
براغي

مشواڼی
....
سطل الألوان

خاک انداز
....
لقاطة الكناسة

د میوزیک آلات

آلات موسيقية

لاوډ سپیکر
مكبر الصوت
آلات الإيقاع
غيتار
كمان أجهر
ټرومپیټ
بوق

باس
....
جهير

وايلن
....
كمنجة

پيانو
....
بيانو

کي بورډ
....
بيانو كهربائي

ډرمونه
....
طبل

نغاره
....
طبل كبير

مايكروفون
....
ميكروفون

شپيلى
....
ناي

سيكسافون
....
ساكسوفون

ژوبڼ

حديقة حيوانات

ننوتو لاره
مدخل
نمر
پنجره
قفص
ګوره خر
حمار الوحش
د ژويو خواړه
علف للحيوانات
پاندا
دب باندا

کنګرو
....
کنغر

هاتي
....
فيل

ژوی
....
حيوانات

ايږه
....
دب

ګوريلا
....
غوريلا

د اوبو اسپ
....
وحيد القرن

زمری

أسد

شترمرغ

نعامة

اوښ

جمل

طوطي

ببغاء

غزی

طائر فلامينغو

بیزو

قرد

شارک

سمك القرش

پينګوين

بطريق

قطبي ايږه

دب قطبي

تمساح

تمساح

مار

أفعى

طاوس

طاووس

جګوار

نمر أمريكي مرقط

سيل

عجل البحر

ژوبڼ ساتونکی

حارس في حديقة الحيوان

هیپو

فرس النهر

پڕانک

نمر

یابو

فرس قزم

نرخوک

خنزير برّي

باز

نسر

زرافه

زرافة

سمندري نولی

حيوان فظ البحري

شمشتی

سلحفاة

کب

سمك

هوسی

غزال

کـیدڕه

ثعلب

امريکايی فټبال
كرة القدم الأمريكية
سايکل ځغلول
ركوب الدراجات
كرة التنس
باسکيټبال
كرة السلة
لامبو
السباحة
باکسينګ
الملاكمة
د کنګل هاکي
هوكي الجليد

فټبال
....
كرة القدم

کسيزه
....
الريشة الطائرة

د ځغاستي لوبي
....
ألعاب القوى الخفيفة

د هندبال
....
كرة اليد

سکي
....
التزلج على الثلج

پولو
....
بولو

توپ وهل
يقفز

غاړه ورکول
يعانق

خندل
يضحك

کرخيدل
يمشي

سندري ويل
يغني

خوب ليدل
يحلم

عبادت کول
يصلّي

مچو کول
يقبّل

ليکل	کښل	بروندل
يکتب	يرسم	يُري
ټېله کول	ورکول	اخيستل
يدفع	يعطي	يأخذ

پاییدل

یوجد

کول

یعمل

درلودل

یملك

راکښل

یسحب

منډې وهل

یرکض

ودریدل

یقف

څملاستل

یستلقي

لویدل

یقع

ګوزارل

یرمي

کښیناستل

یجلس

وړل

یحمل

انتظار کول

ینتظر

پاڅیدل

یستیقظ

ویده کیدل

ینام

پوښاک اغوستل

یلبس

بريد كول

يمسّد

ژړل

يبكي

كتل

ينظر إلى ..

پوهيدل

يفهم

خبري كول

يتكلم

ګمنځ كول

يمشّط

څښل

يشرب

اوريدل

يسمع

غوښتل

يسأل

مينه كول

يحب

پاكول

يرتب

خوړل

يأكل

الوتل

يطير

موټر چلول

يقود

پخلى كول

يطبخ

لوستل

....

يقرأ

حساب

....

يحسب

بېړۍ چلول

....

يبحر بزورق شراعي

واده كول

....

يتزوج

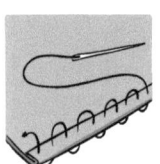

كار كول

....

يعمل

زده كول

....

يتعلم

وژل

....

يقتل

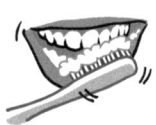

د غاښونو برس كول

....

ينظف أسنانه

گنډل

....

يخيط

لېږل

....

يرسل

سګرټ څښل

....

يدخن

کورنی

عائلة

نيا
جدّة
نيکه
جدّ
پلار
أب
مور
أم
ماشوم
الطفل
لور
ابنة
زوى
ابن

کاکا/ماما

عمّ / خال

ترور

عمّة / خالة

میلمه

ضيف

خور

أخت

ورور

أخ

بدن

الجسم

تندی
الجبين
العين
مخ
الوجه
زنه
الذقن
سينه
الصدر
الإصبع
لاس
اليد
الذراع
اوږه
الكتف
پښه
الساق

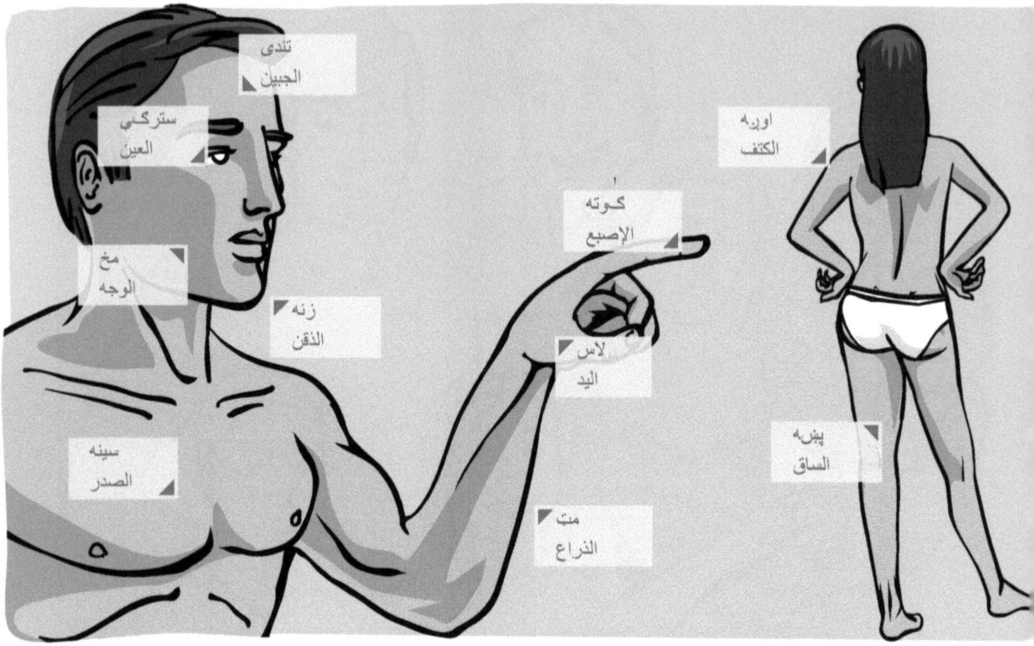

ښځه

المرأة

سړی

الرجل

ماشوم

الطفل

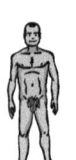

سر

الرأس

هلک

الولد

نجلۍ

البنت

نوم

السرّة

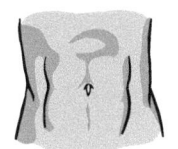

خیټه

البطن

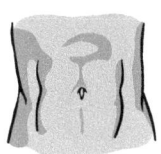

شا

الظهر

هډوکی

العظم

پونده

الكعب

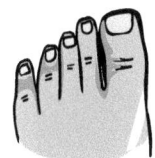

د پښې ګوته

إصبع القدم

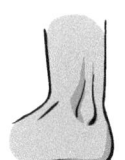

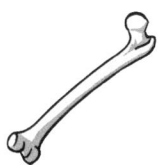

څنګل

المرفق

زنګون

الركبة

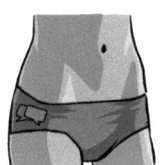

کوناټی

الورك

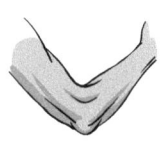

پوټکی

البشرة

لاندي برخه

العَجُز

پوزه

الأنف

شونډه

الشفة

غوږ

الأذن

غومبوری

الخد

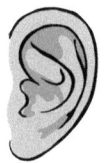

ژبه

اللسان

غاښ

السن

خوله

الفم

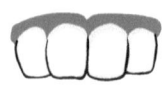

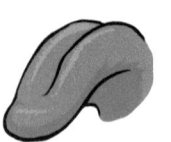

عضله

العضلة

زړه

القلب

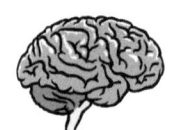

مغز

الدماغ

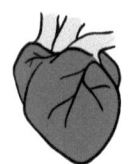

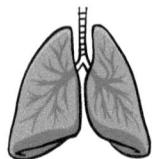

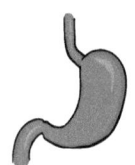

معده

المعدة

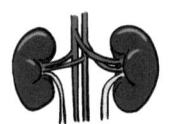

ځیګر

الكبد

سږی

الرئة

کاندوم

الواقي المطاطي

جنسي نږدې والی

الاتصال الجنسي

پښتورګي

الكِلى

حمل

الحمل

مني

المنيّ

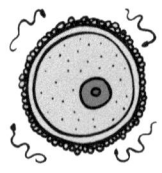

تخمه

البويضة

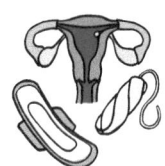

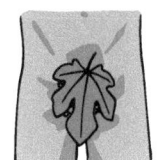

د نارینه تناسلي آله

القضيب

مهبل

المهبل

حیض

الحيض

غاړه

الرقبة

ویښته

الشعر

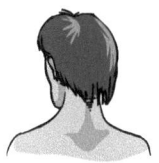

وروځی

الحاجب

روغتون

المستشفى

امبولانس
سيارة الإسعاف
ويل چير
الكرسي المتحرك
كسر
كسر

رنځورپال

....

الممرضة

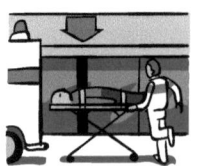

عاجل خونه

....

غرفة الإسعاف

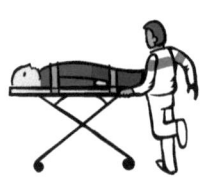

ډاکټر

....

الطبيب

درد

....

الألم

بې هوش

....

مغمى عليه

عاجل

....

حالة

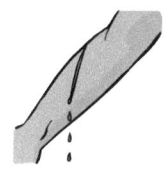

د زړه حمله
....
احتشاء القلب

وینه تویدل
....
النزيف

ټپ
....
إصابة

ټوخی
....
السعال

حساسیت
....
حسسية

ضرب
....
جلطة

نس ناستی
....
الإسهال

انفلوینزا
....
إنفلونزا

تبه
....
الحُمّى

شکر
....
مرض السكر

سرطان
....
السرطان

سر درد
....
وجع الرأس

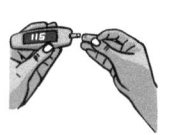

عملیات
....
عملية

سکالپل
....
مبضع

جراح
....
جرّاح

التراساوند
....
فوق الصوتي

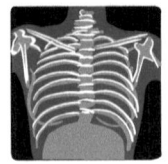

ایکس ری
....
الأشعة السينية

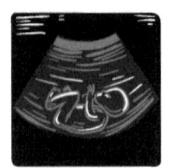

سیټي
....
سيتي سكان

انتظار خونه
....
غرفة الانتظار

ناروغي
....
المرض

د مخ ماسک
....
القناع

بنداژ
....
ضماد

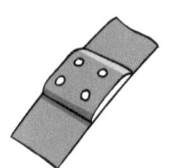

پلستر
....
شريط لاصق

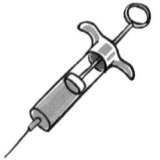

امسآ
....
العُكاز

تسکیره
....
نقالة

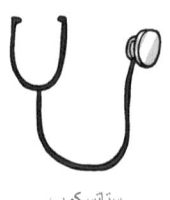

ستاتسکوپ
....
سمّاعة الطبيب

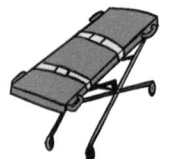

تزریق
....
حقنة

زیات وزن
....
وزن زائد

زیږون
....
ولادة

کلینکي ترماميټر
....
ميزان حرارة

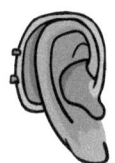

عفونيت

عدوى

د عفونيت ځخه پاکونکي مواد

المواد المعقمة

د اوريدو مرسته

جهاز السمع

درمل

الطب

ايچ.آی.وی/ايډز

الإيدز

ويروس

فيروس

ګولی

حبّة الدواء

ټابليټس

أقراص الدواء

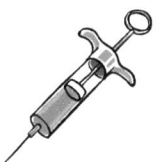

واکسين

اللقاح

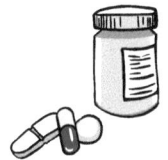

ناروغ/روغ

مريض / صحيح

د ويني د فشار ځارونکی

مقياس ضغط الدم

عاجل تليفون

نداء النجدة

يرغل

اعتداء

الارم

إنذار

مرسته!

النجدة!

عاجل لاره

مخرج طوارئ

خطر

خطر

برید

هجوم

پېښه

حادث

د اور وژونکی

جهاز الإطفاء

اور!

حريق!

پولیس

الشرطة

ایس.او.ایس

أنقذونا

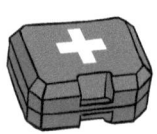

د لومړی مرستي لوازم

حقيبة الإسعاف الأولي

خمکه
أرض

سهيلي امريکا

أمريكا الجنوبية

شمالي امريکا

أمريكا الشمالية

اروپا

أوروبا

آسټريليا

أستراليا

آسيا

آسيا

افريقا

أفريقيا

د هند بحر

المحيط الهندي

پاسيفيک

المحيط الهادي

اتلانتيک

المحيط الأطلسي

شمالي قطب

القطب الشمالي

د شمال قطب بحر

المحيط المتجمد الشمالي

جنوبي منجمد بحر

المحيط المتجمد الجنوبي

خمكه

أرض

انتاركتيكا

منطقة القطب الجنوبي

سهيلي قطب

القطب الجنوبي

تاپو

جزيرة

بحر

بحر

خمكه

بر

دولت

دولة

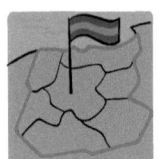

ملت

أمة

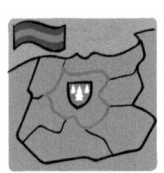

ساعت

ساعة

د دقیقي ستنه
....
عقرب الدقائق

د ساعت ستنه
....
عقرب الساعات

د مخي ساعت
....
ميناء الساعة

ورځ
....
يوم

څه وخت دی؟
....
كم الساعة الآن؟

د ثانيی ستنه
....
عقرب الثواني

ډیجیټل ساعت
....
ساعة رقمية

اوس
....
الآن

وخت
....
زمن

ساعت
....
ساعة

دقیقه
....
دقيقة

ساعة - ساعت

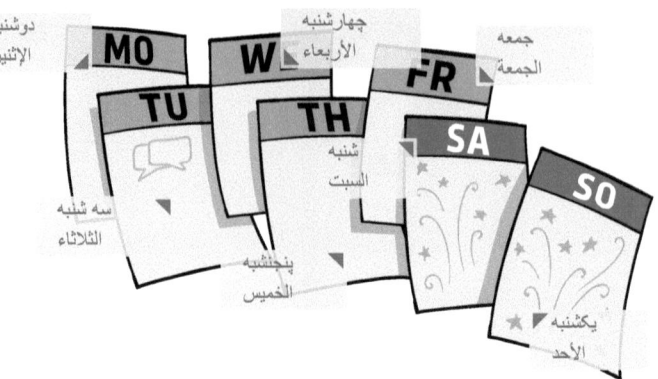

اونۍ

أسبوع

دوشنبه
الإثنين
MO
سه شنبه
الثلاثاء
TU
چهارشنبه
الأربعاء
W
پنجشنبه
الخميس
TH
جمعه
الجمعة
FR
شنبه
السبت
SA
يکشنبه
الأحد

3

سبا

غداً

2

نن

اليوم

21

پرون

الأمس

ماښام

المساء

غرمه

الظهر

سهار

الصباح

MO TU WE TH FR SA SU
1 2 3 4 5 6 7
8 9 10 11 12 13 14
15 16 17 18 19 20 21
22 23 24 25 26 27 28
29 30 31 1 2 3 4

د اونۍ پای

نهاية الأسبوع

MO TU WE TH FR SA SU
1 2 3 4 5 6 7
8 9 10 11 12 13 14
15 16 17 18 19 20 21
22 23 24 25 26 27 28
29 30 31 1 2 3 4

کاري ورځې

أيام العمل

کال
سنة

باران
مطر
رنګین کمان
قوس قزح
باد
ریح
واوره
ثلج
پسرلی
الربیع
الصیف
منی
الخریف
ژمی
الشتاء

د لمر وړانګې

ضوء الشمس

0
10
0
-10

ترموميټر

مقياس حرارة

4.APRIL 11°
5.APRIL 4°
6.APRIL 13°
7.APRIL 8°
8.APRIL 10°

د موسم وړاندوینه

التنبؤ بالحالة الجوية

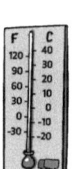

رطوبت

رطوبة الجو

لړه

ضباب

ورېځ

سحابة

رنا
....
برق

تندر
....
رعد

توفان
....
عاصفة

رلى وريدل
....
بَرَد

مون سون باران
....
ريح موسمية

سيلاب
....
طوفان

يخ
....
جليد

جنوري
....
كانون الثاني / يناير

فبروري
....
شباط / فبراير

مارچ
....
آذار / مارس

إپرہل
....
نيسان / أبريل

مى
....
أيار / مايو

جون
....
حزيران / يونيو

جولاى
....
تموز / يوليو

اكست
....
آب / أغسطس

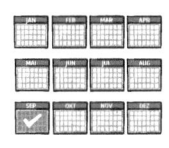

سپتمبر

....

أيلول / سبتمبر

اکتوبر

....

تشرين الأول / أكتوبر

نومبر

....

تشرين الثاني / نوفمبر

دسمبر

....

كانون الأول / ديسمبر

شکلونه

أشكال

دایره

....

دائرة

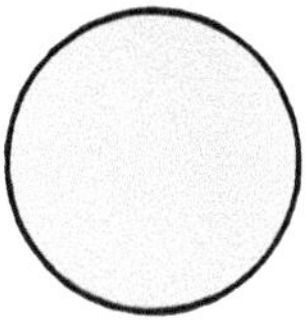

مربع

....

مربَع

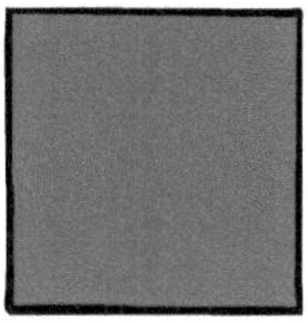

مستطیل

....

مستطيل

مثلث

....

مثلث

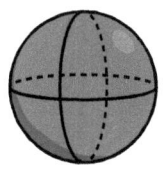

توپ

....

كرة

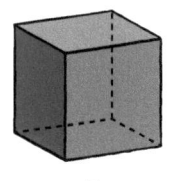

فال

....

مكعب

رنګونه

ألوان

نارنجي

برتقالي

ژيړ

أصفر

سپين

أبيض

ارغواني

بنفسجي

سور

أحمر

ګلابي

وردي

نسواري

بنّي

شين

أخضر

نيلي

أزرق

تور

أسود

خړ

رمادي

متضاد

الأضداد

ښکلی/بدشکله

جميل / قبيح

قار/ارام

غضبان / هادئ

خورا ډیر/خورا لږ

كثير / قليل

روښانه/تیاره

فاتح / قاتم

لوی/کوچنی

كبير / صغير

پیل/پای

بداية / نهاية

مکمل/نامکمل

كامل / ناقص

پاک/ککړ

نظيف / وسخ

ورور/خور

أخ / أخت

پراخه/نری

عريض / ضيّق

مړ/ژوندی

ميت / حيّ

ورځ/شپه

نهار / ليل

پاریدلی/بې خونده
....
مثير / ممل

بد/مهربان
....
شرّير / لطيف

د خوراک وړ/نه خوړل کیدونکی
....
صالح للأكل / غير صالح

ملګری/دښمن
....
صديق / عدو

لومړی/وروستی
....
أولاً / أخيراً

چاق/وچ
....
سمين / نحيف

دروند/سپک
....
ثقيل / خفيف

سخت/نرم
....
صلب / ليّن

ډک/تش
....
مليء / فارغ

غیرقانوني/قانوني
....
غير شرعي / شرعي

ناروغ/روغ
....
مريض / صحيح

لوږه/تنده
....
جوع / عطش

نږدې/لرې
....
قريب / بعيد

کیڼ/ښي
....
يسار / يمين

هوښیار/ساده
....
ذكي / غبي

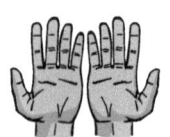

بډا/ځوان

مسن / شاب

هيڅ/يوڅه

لا شيء / بعض الشيء

نوی/زوړ

جديد / مستعمل

غلی/لوړ غږ

خافت / عالٍ

خلاص/تړلی

مفتوح / مغلق

چالان/بند

يشعل / يطفئ

زيږ/ملايم

أحرش / املس

صحيح/غلط

صح / خطأ

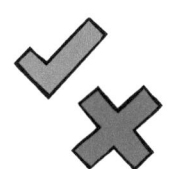

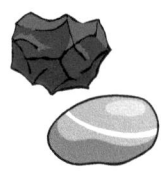

بډايه/غريب

غني / فقير

سست/ګړندی

بطيء / سريع

لنډ/اوږد

قصير / طويل

خفه/خوښ

حزين / سعيد

جګړه/سوله

حرب / سلم

ګرم/يخ

ساخن / بارد

لوند/وچ

مبلول / جاف

شميرې

أرقام

0	صفر	صفر
1	يو	واحد
2	دوه	اثنان
3	درې	ثلاثة
4	څلور	أربعة
5	پنځه	خمسة
6	شپږ	ستة
7	اوه	سبعة
8	اته	ثمانية
9	نهه	تسعة
10	لس	عشرة
11	يولس	أحد عشر

12

دولس

اثنا عشر

13

ديارلس

ثلاثة عشر

14

څوارلس

أربعة عشر

15

پنځلس

خمسة عشر

16

شپاړس

ستة عشر

17

وولس

سبعة عشر

18

اتلس

ثمانية عشر

19

نولس

تسعة عشر

20

شل

عشرون

100

سل

مائة

1.000

زر

ألف

1.000.000

میلیون

مليون

اللغات

چینایی مندرین
....
لغة ماندارين الصينية

امریکایی انګلسي
....
الإنكليزية الأمريكية

انګلسي
....
الإنكليزية

فرانسوي
....
الفرنسية

هسپانوي
....
الإسبانية

هندي
....
الهندية

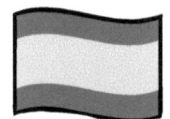

پرتګالي
....
البرتغالية

روسي
....
الروسية

عربي
....
العربية

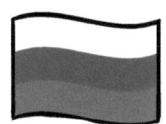

جاپاني
....
اليابانية

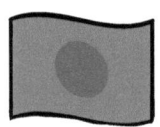

آلماني
....
الألمانية

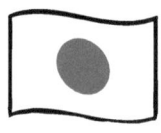

بنګالي
....
البنغالية

څوک/څه/څنګه

من / ماذا / كيف

هغه/دغه/دا

هو / هي

ته

أنت

زه

أنا

دوی/هغوی

هم

تاسي

أنتم

موږ

نحن

څنګه؟

كيف؟

څه؟

ماذا؟

څوک؟

من؟

نوم

اسم

کله؟

متى؟

چیرې؟

أين؟

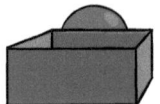

چيرې

أين

په مخه کې

....

أمام

په

....

في

شاته

....

خلف

لاندې

....

تحت

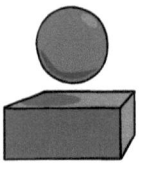

په

....

على

باندې

....

فوق

ځای

....

مكان

ترمينځ

....

بين

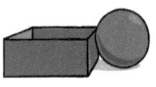

برسيره پر

....

جنب